AF331319

RÉFUTATION

DES

ENTRAINEMENTS RÉVOLUTIONNAIRES, INCONSCIENTS

DES GAUCHES REPUBLICAINES DE FRANCE

LEUR ATTRIBUANT LA RESPONSABILITÉ DE LA CRISE ÉCLOSE LE 16 MAI.

> Si la tendance de trop de législateurs démocrates, à prendre leurs désirs pour la légalité, devait se généraliser : il n'y aurait pas de démocratie possible.

Réclamer avec une opiniâtreté d'allures révolutionnaires, à un Président de République démocratique, le régime parlementaire des Monarchies, c'est vouloir contraindre ce Président à violer fondamentalement la Constitution et à trahir le mandat civique qui lui a été confié par une *Assemblée Nationale souveraine !*

C'est le Gouvernement *impersonnel* qu'il faut réclamer de tout Président de République démocratique ! Le Parlementarisme étant la *négation de la démocratie !*

AU BUREAU DE LA

REVUE POLITIQUE SOCIALE RELIGIEUSE.

La *Bonne Nouvelle du XIX° siècle,* exposant la *Confirmation de la Bonne Nouvelle évangélique de Christ.* — UNIQUE BONNE NOUVELLE. — Loi d'amour, de délivrance, reliant la Terre au Ciel. *Confirmée* par les lois vivantes universelles, morales sociales, de l'éclosion et du développement Naturel et Providentiel du Globe Terrestre. Avénement du *Règne de Dieu* sur la Terre !

PARIS

5, *rue de la Banque, à droite dans le passage, au 2ᵐᶜ, sur l'entresol.*

Prix : 50 centimes.

RÉFUTATION

DES

ENTRAÎNEMENTS RÉVOLUTIONNAIRES, INCONSCIENTS

DES GAUCHES REEPUBLICAINES DE FRANCE

LEUR ATTRIBUANT LA RESPONSABILITÉ DE LA CRISE ÉCLOSE LE 16 MAI.

> Si la tendance de trop de législateurs
> démocrates, à prendre leurs désirs pour
> la légalité, devait se généraliser : il n'y
> aurait pas de démocratie possible !

Ici, toute pensée ou mot, doit être pris dans son sens naturel : on ne joue pas ici avec les équivoques !

Les Gauches de France subissent, à leur insu, des entraînements *révolutionnaires* toujours croissants, et touchant lesquels il est pressant de leur fournir des éclaircissements sans réserve, propres à éliminer les dangers, que ces Gauches ne cherchent point assurément : mais que la fatalité des situations fausses, peut faire éclore : lorsque la *conciliation des partis*, est la seule issue possible à la crise politique qui trouble la France.

L'Ordre du Jour du 24 Novembre.

Le dernier ordre du jour, de la Chambre des Députés, plus encore que ceux antérieurs, **a** une portée qui échappe certainement à la prévision de ceux qui l'ont voté, puisqu'ils s'abusent sur les caractères essentiels du Gouvernement représentatif et de la Constitution qui régit la République française. Ce qui va être constaté.

Comment le Nouveau Ministère,

pourrait-il être « *la négation du droit national* », comme le déclare l'ordre du jour de la Chambre des députés?

La Nation, pas plus que le Gouvernement et ses *trois pouvoirs* corrélatifs, ne peuvent avoir le droit de modifier la Constitution, tant que les délais de révision ne sont pas accomplis.

Hors de cette loi générale des Républiques, exprimée dans leurs constitutions, elles seraient en perturbations continuelles.

Dans l'actualité présente, la Constitution étant intacte, et le Ministère déclarant venir *pour la respecter et la faire respecter :*

Ni nation, ni pouvoirs législatifs ne peuvent, *sans faire un acte révolutionnaire,* qui mettrait le pays en révolution :

« Refuser d'entrer en rapports. »

Avec un ministère institué selon les droits constitutionnels du Président : droits caractérisés avec précision même, par les lois de février et août 1871, votées par l'Assemblée nationale souveraine!

Donc, déjà deux déclarations révolutionnaires, dans l'ordre du jour précité !

Un prétendu « Droit Parlementaire. »

Invoquer un prétendu *droit parlementaire* à l'égard de la Constitution très-démocratique de France, ce n'est rien de moins que :

Renier la République démocratique !

Comment dans un *ordre du jour législatif,* dirigé contre le Pouvoir exécutif, s'autoriser d'un prétendu *droit parlementaire,* lorsque le parlementarisme se forme des équivoques monarchiques, surgies de la monarchie aristocratique d'Angleterre : et lorsque les partis des monarchies constitutionnelles, citent et appliquent contradictoirement les usages parlementaires, au gré de leurs intérêts du moment.

Et par quel non-sens inexprimable, une Chambre de République démocratique, constituée par le suffrage universel, a-t-elle pris à coutume de vouloir justifier ses prétentions *anti-constitutibnnelles* à l'égard de la Constitution française *si démocratique,* par les usages parlementaires des monarchies ?

Usages ou coutumes, surgies, il faut le répéter ici, de la Constitution anglaise *organisant une aristocratie et une oligarchie associées,* pour quelle fin ?

Pour l'exploitation des masses de leurs pays et possessions diverses ; et aussi pour l'exploitation des peuples, nations même, qui se sont laissées abuser jusqu'ici : et la nation française au premier plan !

Suite aux énigmes des Gauches.

Quelle interprétation faut-il donc donner à cet engouement des Gauches françaises, pour les usages parlementaires introduits par les politiques aristocratiques ; comment vouloir les appliquer à la démocratie du suffrage universel? N'y a-t-il pas là une autre énigme à expliquer? Est-ce que sous le nom du parlementarisme, on voudrait aider l'anglicisme à déterminer l'établissement définitif des tory et des whig en France, par les aristocraties financières, industrielles, administratives, en détruisant les individualités simples, le député Gambetta ayant déclaré très possible en France, la formation des tory et des whig!...

Voilà donc les caractères de la démocratie des Gauches opportunistes!...

Est-ce que les flatteries de la presse britannique, si préconisées par les Gauches et adressées aux députés de France qui veulent la République avec une seule Chambre et même sans Président chef de pouvoir exécutif; est-ce que ces flatteries ne rappellent pas les tactiques trop pratiquées par la coalition des aristocraties, après avoir déclaré qu'*il est plus efficace, pour égarer et perdre les démocraties* des deux continents, de les pousser dans l'exagération de leurs principes?

Serait-ce là une énigme, étrangère aux pénétrations des Gauches?

Comment expliquer le zèle de ces dernières, dans les contradictions de principe les plus inconcevables?

Et les dictateurs du *Quatre septembre*, dont la politique a été *stigmatisée* même par le Président Thiers, leur soutien, en 1871, à la tribune de l'Assemblée Nationale : ces dictateurs arriveraient-ils à expliquer ainsi leurs équivoques, ou faudra-t-il les expliquer pour eux-mêmes avec les faits acquis? L'*Histoire* IMPARTIALE *de la Commune,* dont ils ont arrêté la publication.

Les audaces des gauches ne permettant plus de tolé-

rance. Il faut que tous les républicains puissent pénétrer le fond des choses et s'arracher aux illusions fasci-
natrices qui sont les véritables périls de la République !

Quel homme politique ne sait que dans les gouvernements représentatifs monarchiques, la Chambre des
Députés, a dû avoir comme compensation à des privi-
léges divers, d'une influence déterminante, des droits,
dits parlementaires, d'autant plus proclamés qu'ils sont
plus illusoires, en droit social national ! Quel but
occulte serait-on appelé à servir à son insu, en plaçant
le gouvernement représentatif démocratique, sous l'impulsion des équivoques de ce parlementarisme ?

Plus les Gauches se découvrent, plus elles ouvrent
des voies ténébreuses par leurs actes spontanés.

L'ordre du jour du 24 novembre est une révélation,
dont la portée échappe aux masses : car *sous le voile du
parlementarisme*, il leur dissimule ce qui doit frapper
leurs appuis tutélaires, ce qui doit infirmer, dans sa
base même, l'institution de la République démocratique.

Et pour résumer tous les droits parlementaires et les
caractériser par leur origine, rappelons, qu'ils sont ré-
sultés de la constitution des gouvernements de privi-
léges, qui pour faire accepter leurs moyens, ont dû
offrir des compensations flatteuses pour la vanité des
oligarchies !

Tout est donc révolutionnaire et en sens contraire
même, dans les doctrines et pratiques des Gauches !

La stabilité républicaine, infirmée par les prétentions des Gauches.

Les prétentions des Gauches vont jusqu'à saper la République dans sa base même : et par les prétentions républicaines, ce qui est autrement dangereux que par des adversaires : car on se défie de ceux-ci et l'on a confiance en ceux qui réprésentent la République, on n'admet pas qu'ils soient aveuglés ou égarés !

Il a donc été invoqué une coutume monarchique on l'a vu, pour faire attribuer dans la République démo·cratique, à la Chambre qui représente le nombre, la quantité, c'est-à-dire au pouvoir, sujet aux entraînements divers ; on veut attribuer à ce pouvoir une action de prédominance sur les deux autres pouvoirs.

Mais dans les Monarchies, le parlementarisme est bien loin d'avoir une telle possibilité d'action agitatrice s'il voulait la tenter, sauf en essor de révolution !

Tandis qu'en démocratie, tout favorise la Chambre qui représente le nombre ! L'influence d'irradiation déterminante, du *petit bullelin de vote,* n'a-t-elle pas été assez caractérisée au sein des populations, par le député Gambetta, et ses collaborateurs politiques ?

Mais dans la République démocratique, il n'y a pas de pouvoir personnel possible !

La seule tentative d'une telle prédominance, ou de celle d'aucun des trois pouvoirs sur les deux autres, détruit l'équilibre, introduit l'action révolutionnaire, et conduit fatalement à la dictature d'un seul pouvoir : car les prétentions ambitieuses ayant rompu le lien constitutionnel, la dictature temporaire devient inévitable. Et l'on ne sait jamais où elle peut conduire !

La prédominance d'aucun des trois pouvoirs,_rendrait donc la stabilité impossible dans les Républiques démocratiques. Elle ramènerait la réaction des gouvernements dominateurs ! C'est toujours la conclusion terrible !

Pourquoi donc les Gauches agissent-elles par violence morale, même opiniàtrement, pour établir ces conditions républicanicides ?...

Tout est donc révolutionnaire, tout est donc énigme avec elles !

Le palladium des républiques démocratiques :

Gardons-nous de l'oublier jamais, il est dans l'équilibre permanent des trois pouvoirs. Et cet équilibre a ses conditions assurées, garanties, puisque, en cas de dissidence, l'union de deux des trois pouvoirs, impose au pouvoir dissident, comme on le voit souvent aux États-Unis, une attente ou une activité plùs puissante en sagesse effective.

Mais les Gauches françaises, paraissent étrangères aux lois constitutives des espèces d'êtres organisés, et de la nature humaine qui les résume et les explique par la physiologie générale ! Car au lieu d'être heureuses que la démocratie s'organise en France, par la loi naturelle et providentielle de la création, les Gauches restent dans les inspirations arbitraires des vieux gouvernements : et, aveuglées à ce point de ne pas sentir que la Constitution de la République française se trouve dictée selon les lois de l'ordre moral universel, les gauches vont chercher dans l'arsenal des arbitraires monarchiques, ce qui doit détruire l'essor moral démocratique de la nation ! Elles se montrent hostiles aux lois de l'harmonie ! De tels non-sens n'auraient-ils pas leur germe dans l'influence des ambitions individuelles, si dangereuses dans les démocraties?

Ah ! l'esprit de domination ne réside point seulement dans les pouvoirs personnels, tous les partis sectaires y aspirent : et les monarchies ne seront peut-être pas les dernières à y renoncer !

L'ordre moral naturel et providentiel.

Que les Gauches qui ont la noble ambition d'être législatives, veuillent bien étudier enfin, les lois naturelles, vivantes, de l'organisation des êtres individuels, familials et collectifs ou sociaux, alors elles sentiront quelle est l'action si nécessaire des lois divines !

Alors elles comprendront que la France, malgré toutes ses épreuves dissolvantes, peut avoir encore l'honneur de produire et d'appliquer, la première en Europe, la Constitution qui représente l'ordre moral providentiel de la création !

N'est-ce donc pas la méconnaissance de cette réalité de civisme intégral et religieux, qui a poussé les Gauches en essor révolutionnaire contre la Constitution, qui seule peut réaliser leurs aspirations.

Et cet entraînement révolutionnaire a évidemment son germe impulseur dans l'idéal simpliste, qui a fait supposer à des républicains éminents, qu'une seule Chambre, un seul pouvoir pouvait réaliser le gouvernement démocratique.

Voilà comment les plus forts esprits s'abusent à l'extrême, lorsqu'ils méconnaissent que n'ayant point fait la loi constitutive de leur nature, douée d'idéals divinisateurs, ils ont à chercher au-dessus d'eux et en toutes choses, cette loi, principe de toutes les lois, pour ne pas troubler, décomposer, détruire, lorsqu'ils se proposent cependant d'organiser !...

Conclusion et Conciliation.

Eh bien, la conclusion inéludable de tout ce qui précède, n'est-elle pas que le *Seize-Mai* et le 24 Novembre sont l'alpha et l'oméga de la situation : sont, en un mot, le même acte révolutionnaire, la même persistance en des illusions contradictoires subversives de la République démocratique ?

Et dès lors, tout ceci constaté, la science générale positive de la création, venant faire la lumière, l'œuvre de conciliation intégrale, s'impose par la nature et les nécessités de la situation !

La France peut renaître !

Car ces non-sens républicains de tous genres, sont au moment de disparaître devant les énoncés positifs de la science humaine ou sociale physiologique !

Ne seraient-ils pas d'ailleurs inexplicables, si la démocratie n'était pas surgie en Europe, par simple essor de réaction contre les arbitraires monarchiques, substitués aux lois de la Monarchie divine universelle ?

Dès lors, les démocraties se fanatisant d'une part dans la pensée de ne voir le bien, la délivrance que dans la Liberté, déclarée *premier principe social;* et d'autre part dans la pensée de voir le mal dans tout ce qui *tend* à restreindre seulement cette Liberté, trop abusivement substituée, *au Libre Arbitre Responsabilité,* qui est le signe providentiel caractéristique de la nature humaine : ne devaient-ils pas ainsi méconnaître fatalement, que le rappel permanent au *sentiment de la responsabilité,* est la condition première de toute démocratie.

Voilà comment, même les organes les plus érudits, les plus méritants de la presse républicaine, ont égaré les masses... et ont toujours repoussé, systématiquement, les initiations scientifiques de délivrance, qui infirment la Liberté démocraTICIDE !

Le Rapport du Seize-Mai avec le 24 Novembre

Et maintenant, pour que cette première étude générale de la crise, soit concluante à tous égards, ne faut-il pas quelle caractérise la situation selon le rapport sus-indiqué ?

Le *Seize-Mai,* le Maréchal-Président septennaire, accomplissait le devoir *impérieux* d'un avertissement *très-nécessaire,* tardif même, au premier ministre qui représentait les Gauches. Celles-ci s'abusant — selon ce qui est exposé ci-dessus — sur les droits de la majorité de la Chambre des Députés, croyaient que le Président n'avait pas le droit de modifier un ministère qui est soutenu par la majorité de la seconde Chambre.

Dans cette pensée abusive, les Gauches, au lieu d'accomplir le devoir, d'envoyer une députation au Président pour une conciliation *que tout commandait* à des républicains prévoyants, ont soulevé témérairement contre le Président, un concert de récriminations outrageantes, après avoir glorifié admirativement même, la sollicitude civique du Président à la tribune de la Chambre, peu de jours auparavant, le 4 mai, par la voix même du premier ministre qui représentait les Gauches !!..

Oui, l'histoire des entraînements perturbateurs de la Chambre qui représente le nombre, pourrait être déjà longue. Elle sera un avertissement efficace pour elle-même !

Attaqué alors irrespectueusement, publiquement, le Maréchal-Président dut céder aux sollicitations des Droites qui l'obsédaient, avec trop de raisons, surtout depuis la séance déplorable du 4 mai!!! Le Président forma donc un Ministère de Droite, qui était par la force naturelle des choses présentes, et précédentes depuis le 4 mai au moins, un *ministère de défense,* de combat : pour la religion nationale, non cléricale, plus encore que pour le Président! Et la lutte devait être proportionnelle aux attaques assez illégales !

Ce Ministère agit naturellement contre les Gauches, dans le seul respect de la lettre de la Constitution, selon les exigences du Maréchal-Président !

Ce Ministère du 17 mai, et non point du *seize* mai, ce qui est très-différent, a servi ses partis, aux dépens du Maréchal-Président, qui devait intervenir personnellement. Les arbitraires administratifs de ce Ministère, ont donné motif aux Gauches, de croire que la Constitution était en danger : lorsqu'elle ne pouvait l'être avec le Maréchal-Président septennaire !

Mais un Maréchal de France, chef du pouvoir exécutif, pouvait-il se laisser attaquer, outrager publiquement, par un parti, sans réagir vivement, *dans le champ de la légalité* toujours ?

Voulait-on donc demander à un maréchal de France, élu Président pour sept ans, par une Assemblée nationale souveraine, *sans l'avoir désiré,* et justement à cause de ses sentiments religieux et conservateurs ; voudrait-on lui demander la conduite des politiciens d'habilités ?

La fermeté, le caractère militaire du Maréchal, sont-ils donc superflus en présence des entraînements des Gauches, pour maintenir l'équilibre nécessaire ?

Ne devait-on pas attendre de l'esprit militaire du Président, de son civisme même, les entraînements de confiance en sa loyauté, en cette franchise inséparable du ton personnel, dans un maréchal de France, mais compromettante au sein du règne des opportunismes qui égarent au exaltent les démocraties, en faussant leur essor providentiel.

Après les élections du 14 octobre, le Maréchal ne devait-il pas satisfaire au désir des Ministres du *Dix-sept Mai*, de se présenter devant la nouvelle Chambre des Députés, pour y répondre à toute représentation, et y expliquer leur pratique administrative avec toute franchise ?

Est-ce qu'une telle manifestation du devoir de conscience et de responsabilité, en présence de l'hostilité qui leur était témoignée, n'est pas un exemple de courage moral, qui relève par la hauteur des mobiles, les moyens que les entraînements de circonstance doivent seuls expliquer ?

On le voit donc : dès que les crises les plus complexes pourront être expliquées par les principes supérieurs, par leurs causes et par leurs conséquences logiques forcées, elles aboutissent heureusement à la conciliation.

La Conciliation finale.

Le Maréchal-Président septennaire a ouvert la voie de la conciliation : s'il lui était répondu par des actes révolutionnaires répétés, les illusions du public sur les causes de la crise en seraient plus tôt dissipées.

La terrible expérience que le Maréchal-Président vient de faire, a été pour lui une initiation nécessaire ! Il connaît maintenant les entraînements de tous les partis !...

Sans doute, on ne saurait douter qu'il désire ne plus constituer que des Ministères mixtes, représentant tous les partis. Le principe d'équilibre qui régit le gouvernement démocratique, s'applique nécessairement à la formation des ministères.

Une nation dont le personnel administratif est appelé à changer avec le ministère, est en décomposition fatale, de mœurs sociales, nationales : car les fonctionnaires, qui sentent ne relever que du parti au pouvoir, ne peuvent exercer qu'une influence subversive du sens moral social !

Mais la constitution des Ministères mixtes pour former une administration définitivement stable, de fonctionnaires voués à leurs devoirs sociaux, veut que l'esprit de conciliation dont le Président a dignement donné l'exemple, trouve la réciprocité qui lui est due !

Le rétablissement des conditions de l'ordre moral républicain, assurant la prospérité matérielle, dépend d'une conciliation franche, dont la puissance dissipera l'esprit révolutionnaire, remplacé par le civisme de la légalité et du sentiment national.

Telle est la confiance de tous les vrais citoyens. Quand la vérité a pu se produire, les équivoques disparaissent; les esprits se calment et s'éclairent : ils appellent la fécondité générale, que la lumière céleste fait alors surgir de tous les élémens sociaux, ralliés dans la vérité-justice, loi universelle de la création terrestre !

Un incident d'Épilogue.

On se répète : le haut commerce est en mouvement !
Qu'est-ce à dire ? Rien de plus simple et de plus ins-
tructif ?

En livrant son téméraire combat au Président septennaire, le *Seize-Mai*, le Gambettisme avait bien prévu
une forte crise politique ; mais il avait les moyens de
faire attribuer la responsabilité de cette crise, au Président.

Et, de plus, le ministère du 17 mai, se considérant
comme ministère de guerre à outrance, et s'abusant
sur l'opinion publique, seconda fortement le Gambettisme, égarant la confiance du Président, et excitant
toute défiance contre sa politique d'indignation, aux
formes personnelles !

Tout réussit au Gambettisme. Les Gauches n'étaient-
elles pas organisées en parti-sectaire ? N'avaient-elles
pas un Comité directeur, aspirant à se montrer plus
grand que le Comité de salut public ? Ce Comité ne
donnait-il pas le *mot d'ordre* aux cent journaux de la
presse républicaine ? Et la presse libérâtre de la *per-
fide Albion,* toujours vouée à pousser les 1789 en 1793,
par l'exagération des principes démocratiques, ne
devait-elle pas entraîner la presse des deux continents ?

Mais, répond-on : le haut commerce a des moyens
de pénétration que n'a pas le petit commerce ! Il devait
voir le fond des choses.

Sans doute, il le pourrait ! Mais à toute exhortation
de *rechercher les causes des faits politiques et des crises,*
il réplique :

« Nous sommes absorbés par nos affaires, par leurs
difficultés ! la France est en République. Nous lisons

tous les journaux républicains : ils sont unanimes ;
et c'est eux qui sont appelés à nous expliquer les causes !!! »

. Une partie du haut commerce voudrait dire au Président septennaire :

« Maréchal, retirez-vous de cette bagarre. Le commerce en souffre trop. Sans doute le Gambettisme est
un peu fou. Mais la gravité du Grévisme couvrira et
organisera les fermentations dangereuses, par son
système d'*une seule Chambre sans Président de république !* Ce qui simplifie le gouvernement : c'est ce qu'il
faut à notre Commerce ! »

A ce langage de si triste illusion, le Président septennaire, qui a devoir de haute prévoyance, et dès lors
l'obligation de prévenir une *nouvelle Convention*, ré-
pondrait indubitablement :

« Quand un maréchal de France a reçu de la nation
en *Assemblée nationale*, une mission civique ou militaire ! Qui donc oserait lui demander de déserter devant
le danger, pour servir un parti quelconque ? »

Et n'allez pas vous écrier ici, lecteur : oh ! la Presse
est vraiment trop puissante, trop libre ! — Est-ce qu'elle
n'est pas au contraire l'instrument, la victime des éco-
les et des partis sectaires ?... Toute compression ou
charge fiscale, ne pourrait qu'en faire le serviteur plus
esclave des partis les plus puissants, comme en pays
divers !

La renaissance de la Presse, comme la renaissance
de l'Église, doivent avoir lieu *par elles-mêmes*. Mais par
une vigoureuse impulsion dans le *Libre Arbitre, Responsabilité :* dont la sensation permanente, remplaçant
celle de la liberté abusive, constituera, la Presse, en
gouvernement de soi-même *réciproque :* et la garantira

des partis sectaires, fléau des peuples ! Pour ce résultat sauveur, il ne faut qne l'initiative impulsive d'un journal quotidien. Cette initiative libératrice viendra peut-être du foyer dont on l'attend le moins.

Mutius Scœvola.

Signant, pour les mêmes collaborateurs républicains de *la Bonne Nouvelle du XIXe Siècle*, qui, après tant de protestations dédaignées depuis juillet 1848, demandaient, dès janvier 1874, la mise en accusation des doctrines et des pratiques politiques des conducteurs des Gauches, comme subversives de tout ordre social démocratique.

Voici le symbolisme du pseudonyme collectif, ci-dessus énoncé :

Porsenna, roi d'Etrurie, assiégeait Rome. Il était sur le point de s'en rendre maitre. Mutius obtient du Sénat l'autorisation de pénétrer dans le camp ennemi pour en frapper le chef. Parvenu à s'introduire dans la tente de Porsenna, Mutius prend le secrétaire du roi pour Porsenna et le poignarde à côté de son maître. Arrêté sur le champ, il est condamné en présence de Porsenna, à être brulé vivant ! Comme il écoutait cette sentence, il aperçoit près de lui, un brasier ardent. Il place son bras droit en travers du brasier et l'y laisse brûler en regardant fixement Porsenna. Le roi, épouvanté par le courage de ce Romain, ordonne de le renvoyer. Alors Mutius lui dit : Puisque tu as la générosité de me faire grâce, par reconnaissance, je t'annonce que nous sommes trois cents, qui avons juré que tu périrais de nos mains. Porsenna leva aussitôt le siége de Rome.

Ayant ainsi perdu son bras droit, Mutius fut surnommé *Scœvola*, le gaucher.

LES DANGERS

SOCIAUX NATIONAUX ET CROISSANTS

Ils ont fait une obligation impérieuse de l'avertissement civique Présidentiel, du seize mai 1877 en France, et déterminé la crise politique de la même date, comme tant d'autres crises politiques sociales en pays divers ! c'est donc une tâche cosmopolite de les prouver.

Énoncé de ces dangers, dans le respect des bonnes intentions de tout le monde :

En *douze chapitres* de titres spéciaux, exposant, les caractères, les causes et les conséquences socialicides de ces dangers, propagés partout, en pleine inconscience ; et par quoi ?

Par les effets de la liberté déclarée premier principe social, en remplacement du *Libre Arbitre Responsabilité*, signe caractéristique de la nature humaine.

Les douze chapitres formeront un volume in-18, qui sera publié aussitôt que le dévouement civique aura consacré un billet de mille francs à cette publication, contre le remboursement en exemplaires. Tous les dévouements civiques qui contribueront à la publication ou à la propagation de cet ouvrage, auront droit à leur remboursement proportionnel en exemplaires de l'ouvrage.

Les souscripteurs, dont la souscription aura atteint le chiffre de cinquante francs et plus, seront convoqués au bureau de la *Bonne Nouvelle du XIXe siècle*, pour participer aux délibérations qui auront lieu sur la lecture des manuscrits, avant de les mettre à l'impression !

Adresser toute communication, sans envoi de fonds, pour constater d'abord si la souscription atteint un chiffre de mille francs nécessaire pour la publication de l'ouvrage en volume.

L'information de réponse sera donnée par la Revue la *Bonne Nouvelle du XIXe siècle*.

Toutes les communications doivent être adressées :

Au Directeur-Gérant de cette Revue

L.-P. RICHE GARDON

À Paris, 5, rue de la Banque, le plus promptement possible